Insectes

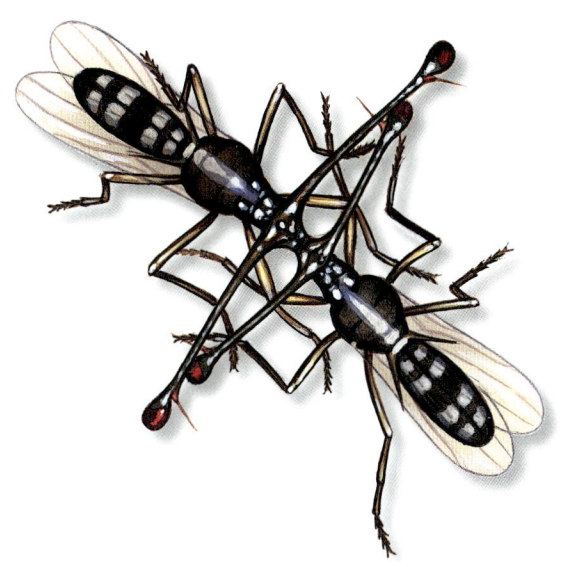

GALLIMARD JEUNESSE

UN LIVRE WELDON OWEN

© 2011 Discovery Communications, LLC.
Discovery Education™
et le logo **Discovery Education**
sont des marques déposées de Discovery Communications, LLC, utilisées sous licence.
Tous droits réservés.

Conçu et réalisé par
Weldon Owen Pty Ltd
59-61 Victoria Street, McMahons Point
Sydney NSW 2060, Australie

Édition originale parue sous le titre
Insect armies
Copyright © 2011 Weldon Owen Pty Ltd

POUR L'ÉDITION ORIGINALE
WELDON OWEN PTY LTD
Direction générale Kay Scarlett
Direction de la création Sue Burk
Direction éditoriale Helen Bateman
Vice-président des droits étrangers
Stuart Laurence
Vice-président des droits Amérique du Nord Ellen Towell
Direction administrative des droits étrangers Kristine Ravn
Éditeur Madeleine Jennings
Secrétaires d'édition Barbara McClenahan, Bronwyn Sweeney, Shan Wolody
Assistante éditoriale Natalie Ryan
Direction artistique Michelle Cutler, Kathryn Morgan
Maquettiste Karen Sagovac
Responsable des illustrations
Trucie Henderson
Iconographe Tracey Gibson
Directeur de la fabrication
Todd Rechner
Fabrication Linda Benton et Mike Crowton
Conseiller George McKay

POUR L'ÉDITION FRANÇAISE
Responsable éditorial Thomas Dartige
Édition Éric Pierrat
Couverture Marguerite Courtieu
Photogravure de couverture Scan+
Réalisation de l'édition française
ML ÉDITIONS, Paris,
sous la direction de Michel Langrognet
Traduction Christine Chareyre
Édition et PAO Anne Papazoglou-Obermeister et Annabelle Morand
Correction Christiane Keukens-Poirier

ISBN : 978-2-07-064454-4
Copyright © 2012 Gallimard Jeunesse, Paris
Dépôt légal : août 2012
N° d'édition : 238274
Loi n° 49-956 du 16 juillet 1949
sur les publications destinées
à la jeunesse.

Ne peut être vendu au Canada

Imprimé et relié en Chine
par 1010 Printing Int Ltd.

Insectes

Lesley McFadzean

Sommaire

Qu'est-ce qu'un insecte ? 6

Les coléoptères 8

Les mouches 10

Abeilles et guêpes 12

Papillons et phalènes 14

Punaises et autres 16

Dans l'eau 18

Le cycle de vie 20

Super sens 22

En avant ! 24

Attaque et défense 26

À toi de choisir ! 28

En savoir plus 30

Glossaire 31

Index 32

Qu'est-ce qu'un insecte ?

Les insectes sont des invertébrés qui possèdent un exosquelette. C'est un squelette extérieur à leur corps, contrairement au nôtre, qui est à l'intérieur. Leur corps est divisé en trois segments : la tête, le thorax (poitrine) et l'abdomen (estomac). La tête comprend les yeux, les pièces buccales, le cerveau et deux antennes. Les ailes et les trois paires de pattes sont fixées au thorax. L'abdomen renferme les organes internes.

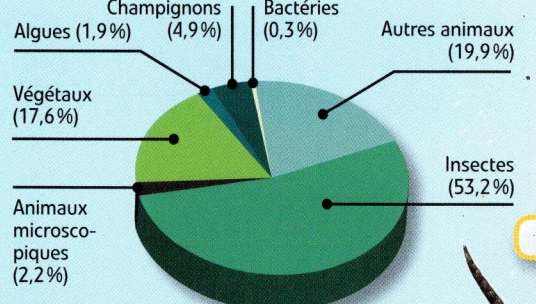

- Algues (1,9 %)
- Champignons (4,9 %)
- Bactéries (0,3 %)
- Autres animaux (19,9 %)
- Végétaux (17,6 %)
- Insectes (53,2 %)
- Animaux microscopiques (2,2 %)

Les animaux les plus nombreux
Plus de la moitié des organismes vivants de la planète sont des insectes. Les scientifiques ont identifié et nommé plus d'un million d'espèces d'insectes, mais des millions d'autres n'ont pas encore été découvertes.

INSECTES OU PAS ?

Les araignées, les scorpions et les mille-pattes ont un exosquelette, comme les insectes. Mais ce ne sont pas des insectes, car ils ont plus de six pattes, et leur corps n'est pas composé de trois parties.

Araignée

Scorpion

Papillon

Syrphe

Moustique

Vole, vole, à tire-d'aile…

Les insectes ont été les premiers organismes vivants à voler sur Terre. La plupart ont des ailes, comme le montrent cette illustration. Les ailes leur permettent d'échapper aux prédateurs qui n'en ont pas, mais également de voler pour chercher leur nourriture.

Le savais-tu ?

Les insectes ont été identifiés dans tous les habitats existant à travers le monde, y compris les océans. Il existe en effet une espèce de punaise océanique.

Les coléoptères

Une espèce animale sur quatre dans le monde est un coléoptère. Le mot coléoptère signifie « aile étui ». Ils ont deux paires d'ailes. Les deux ailes extérieures, rigides, s'appellent des élytres. Elles se replient sur les ailes intérieures, servant au vol, pour les protéger.

Drôle d'alimentation !
De nombreux scarabées sont des charognards : ils se nourrissent d'animaux ou de végétaux morts et autres déchets. Le bousier consomme les excréments des autres animaux. Il absorbe ainsi de grandes quantités de déchets indésirables.

Clairon des abeilles

Bupreste d'Afrique du Sud

Titan d'Amérique du Sud

DÉFILÉ DE COLÉOPTÈRES

Les coléoptères présentent différentes tailles, formes et couleurs. On les classe en 166 familles, parmi lesquelles les scarabées, les buprestes, les lucanes, les longicornes, etc. Leur couleur servant parfois de camouflage, elle varie selon leur habitat.

Staphylin

1 Roule, roule la boule
Le bousier femelle, une espèce de scarabée, pond un œuf dans une boule de bouse. Le mâle roule cette boule, avec la femelle dessus, jusqu'à un terrier qu'ils ont creusé.

LES COLÉOPTÈRES | 9

5 Un nouveau cycle commence
Le scarabée adulte se nourrit de lisier jusqu'à ce qu'il trouve un ou une partenaire. Ils façonnent alors ensemble une boule de bouse pour la génération suivante.

4 ... et à l'adulte
Une fois parvenu à la forme adulte, selon le processus de métamorphose, le scarabée sort de la boule. Il peut alors voler.

3 ... à la nymphe
Lorsque la larve s'est suffisamment nourrie, elle se transforme en une nymphe, au corps dur, avant de devenir adulte.

2 De la larve...
La larve, au corps mou, sort de l'œuf à l'intérieur de la boule. Aussitôt, elle commence à se nourrir avec la bouse qu'elle trouve autour de l'endroit où elle est née.

Un scarabée mâle peut rouler une boule de bouse 1 000 fois plus lourde que lui.

Les mouches

Les 120 000 espèces de mouches comprennent les mouches domestiques, les mouches des fruits, les moustiques et les moucherons. La plupart ont une paire d'ailes et une paire de balanciers. Ces organes vibrent au rythme des ailes pour maintenir les mouches en équilibre durant le vol. Certaines espèces ne volent pas, car elles n'ont pas d'ailes.

Des mouches acrobates
Les pattes de la mouche domestique se terminent par deux griffes et deux semelles à ventouses. Celles-ci lui permettent de marcher à l'envers sur les plafonds.

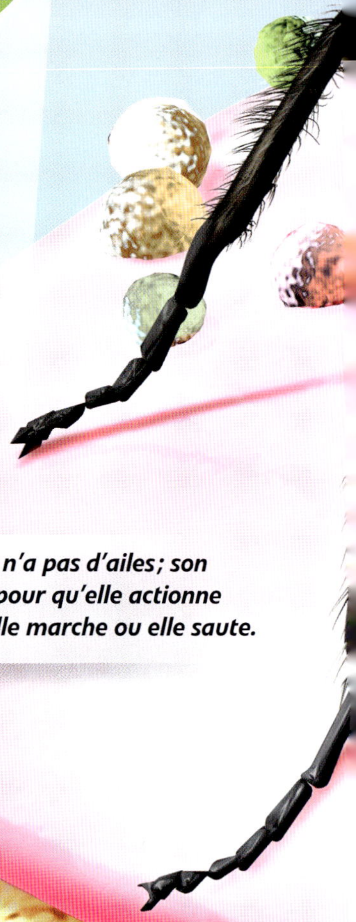

Bruissement d'ailes
La libellule n'appartient pas au même ordre d'insectes que la mouche, car elle a quatre ailes au lieu de deux. Ses ailes antérieures et postérieures battent à un rythme différent et elles ne se replient pas.

La mouche des neiges n'a pas d'ailes ; son habitat est trop froid pour qu'elle actionne sans cesse des ailes. Elle marche ou elle saute.

PIQÛRES FATALES

En Afrique, les mouches tsé-tsé sucent le sang des gros mammifères, dont l'homme. Elles transmettent la maladie du sommeil, mortelle. Chez la plupart des mouches piqueuses, seules les femelles piquent. Chez les mouches tsé-tsé, mâles et femelles piquent.

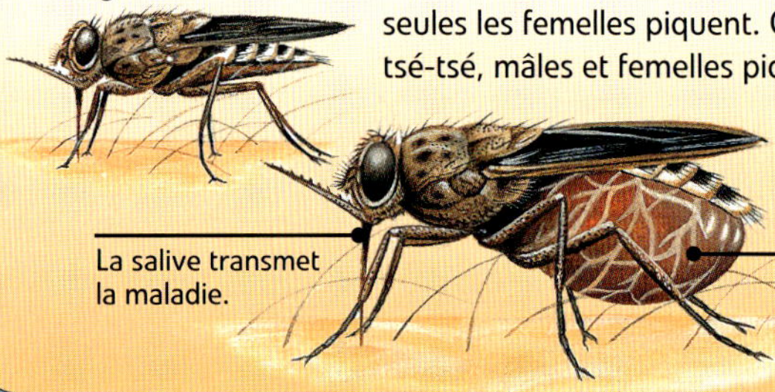

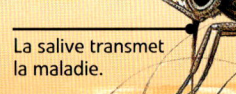

Avant l'absorption de sang

Abdomen gorgé de sang

La salive transmet la maladie.

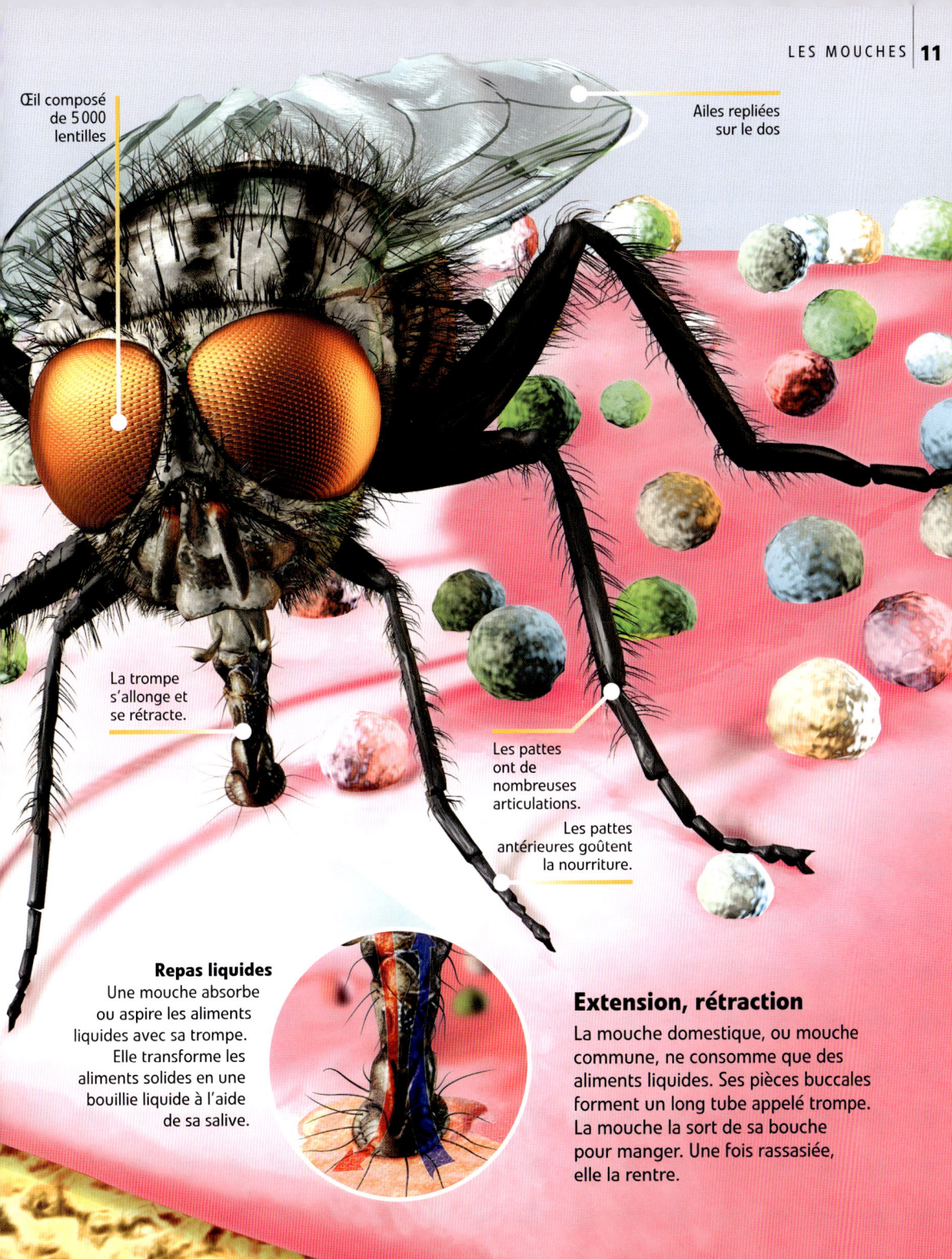

LES MOUCHES | 11

Œil composé de 5 000 lentilles

Ailes repliées sur le dos

La trompe s'allonge et se rétracte.

Les pattes ont de nombreuses articulations.

Les pattes antérieures goûtent la nourriture.

Repas liquides
Une mouche absorbe ou aspire les aliments liquides avec sa trompe. Elle transforme les aliments solides en une bouillie liquide à l'aide de sa salive.

Extension, rétraction
La mouche domestique, ou mouche commune, ne consomme que des aliments liquides. Ses pièces buccales forment un long tube appelé trompe. La mouche la sort de sa bouche pour manger. Une fois rassasiée, elle la rentre.

INSECTES

Fascinantes abeilles
L'abeille domestique a un appareil digestif qui absorbe et digère la nourriture, un appareil respiratoire et un système nerveux relié au cerveau. Ses ailes s'accrochent deux par deux en vol. Elle pompe le nectar au cœur des fleurs à l'aide de sa trompe.

Abeilles et guêpes

Les abeilles et les guêpes sont des hyménoptères. Elles possèdent deux paires d'ailes membraneuses et transparentes qui sont couplées. Ce sont les principaux insectes pollinisateurs. Si certaines espèces sont solitaires, les autres forment des sociétés très structurées, où chaque individu a un rôle et des tâches bien définis.

Chacun son rôle
La reine pond les œufs dans la ruche et vit jusqu'à l'âge de cinq ans. Les ouvrières nourrissent la reine et les larves. Elles entretiennent les alvéoles (ou cellules) de cire et meurent au bout de quelques semaines. Les faux bourdons s'accouplent avec la reine.

AÏE, ÇA PIQUE !

Une abeille (à gauche) ne pique qu'une fois : elle laisse son aiguillon à barbillons dans sa victime, et meurt aussitôt. Une guêpe (à droite) peut retirer son aiguillon mou et s'envoler pour piquer de nouveau.

Pas folle, la guêpe !
La guêpe fouisseuse femelle paralyse les insectes avec son aiguillon avant de les déposer à côté de ses œufs. Lorsque les larves éclosent, elles consomment les insectes paralysés vivants.

Réserves de miel

Réserves de nectar

Reine

Ouvrière

Papillons et phalènes

Les papillons et les phalènes appartiennent à l'ordre des lépidoptères, signifiant « aile à écailles ». Leurs quatre ailes portent des millions de minuscules écailles qui se chevauchent. À la lumière du jour, ces écailles révèlent de vives couleurs sur les papillons et les phalènes diurnes, actifs pendant la journée. Les phalènes nocturnes, actives la nuit, sont souvent brunes ou grises.

1 Œuf
La femelle pond ses œufs sur une feuille qui fournira la nourriture à ses larves.

Quel changement !

La métamorphose est le processus selon lequel un insecte change de forme. Le cycle de vie de nombreux insectes comporte une métamorphose. Celui d'un papillon comprend quatre stades : œuf, chenille, chrysalide, papillon (adulte).

2 Chenille
Une larve, appelée chenille, sort d'un œuf. Elle passe son temps à se nourrir et mue en grandissant.

3 Chrysalide
La chenille tisse un cocon de soie dans lequel elle se transforme en chrysalide (nymphe).

ÉTONNANTES PROTECTIONS

Les cocons peuvent être mous ou durs, transparents ou épais, unis ou multicolores, selon l'espèce. Une larve tisse son cocon sous une feuille ou dans une fissure, en y ajoutant parfois des brindilles en guise de camouflage.

Kallima inachus (Asie du Sud-Est)

Grand planeur (Asie du Sud-Est)

Piéride des jardins (Amérique)

PAPILLONS ET PHALÈNES | 15

Certaines chenilles mettent leurs poils dans le cocon. Ces poils urticants dissuadent les prédateurs de manger le cocon.

4 Papillon
Quelques semaines après, le papillon, parvenu à l'état adulte, sort du cocon.

5 Nouveau cycle
Le papillon s'envole pour s'accoupler, et un nouveau cycle commence.

Phalène ou papillon ?
Les phalènes ont un corps plus gros et plus velu que les papillons, car beaucoup sont nocturnes et doivent se protéger du froid. Elles ont des antennes duveteuses, tandis que celles des papillons sont très fines.

Punaises et autres

Les punaises ont un appareil buccal qui sert à piquer et à sucer. Beaucoup affectionnent la sève des végétaux ; les agriculteurs et les jardiniers les considèrent comme des nuisibles. Certaines préfèrent se nourrir d'autres insectes ou du sang d'animaux. Toutes les espèces subissent une métamorphose, de l'œuf à la nymphe et à l'adulte. Les nymphes de certaines espèces ressemblent à de petits adultes dépourvus d'ailes.

Le tigre

Le tigre est une punaise aux ailes tachetées, qui peut passer toute sa vie sur une seule plante. Il perfore la face inférieure des feuilles de la plante et suce la sève.

La mante religieuse

La mante religieuse se nourrit d'insectes. Lorsqu'elle se tient à l'affût pour capturer ses proies, elle replie ses pattes antérieures sur sa poitrine comme si elle priait.

Le cercope

Les cercopes sont connus pour le « nid » d'écume dans lequel se protègent les nymphes pour éviter de se dessécher.

Le fulgore porte-lanterne

On disait jadis que la tête de cette punaise émettait de la lumière. Elle se nourrit de feuilles contenant des substances toxiques, qu'elle pulvérise sur son agresseur lorsqu'elle se sent menacée.

Le membracide-bison

Les membracidés sont de petits insectes sauteurs qui se nourrissent de la sève des branches et des brindilles. Ils portent sur le dos et la tête une sorte de bouclier appelé pronotum.

Le centrote cornu

Chez certains membres de la famille des membracidés, le pronotum se prolonge par des cornes. Comme elles ressemblent à des épines, elles dissuadent les prédateurs.

La punaise arlequin

Cette punaise se nourrit du nectar des fleurs. Son corps rayé rouge et noir repousse les prédateurs : les couleurs vives les avertissent de son goût désagréable.

Dysdercus

Certains *Dysdercus*, punaises sans ocelles, se nourrissent de graines de cotonnier. Ils les perforent, et la sève colore le coton blanc en jaune. Le coton devient alors inutilisable.

Dans l'eau

Environ 97 % des espèces d'insectes sont terrestres, c'est-à-dire qu'elles vivent sur la terre ferme. Mais 3 % sont aquatiques ; elles passent une partie de leur vie dans les eaux douces. Certains de ces insectes restent à la surface de l'eau, où ils absorbent l'oxygène de l'air. D'autres sont aptes à évoluer sous l'eau.

Bulle d'air
Le dytique bordé emmagasine de l'air dans une bulle sous ses élytres. Il dispose ainsi d'une réserve d'oxygène lorsqu'il plonge.

PLONGEURS PERFORMANTS

Les insectes doivent absorber de l'oxygène pour survivre. Mais comment font ceux qui vivent sous l'eau ? Les plongeurs respirent à l'aide de bouteilles à air comprimé ou de tubas. Les insectes utilisent des techniques identiques.

Un siphon pour respirer
Le siphon respiratoire de la larve de moustique fonctionne comme un tuba. Lorsque le corps est immergé, le siphon, placé au-dessus de l'eau, fournit à la larve l'oxygène de l'air.

Têtard — Nèpe cendrée

Balades au fil de l'eau
Le gerris, ou araignée d'eau, rase la surface de l'eau. Plus lourde, la corise ponctuée avance en ramant avec ses pattes robustes. La nèpe cendrée, ou scorpion d'eau, préfère s'accrocher aux algues.

Le cycle de vie

Lorsqu'ils ont pondu leurs œufs, la plupart des insectes ne s'en occupent pas. Les œufs qui éclosent donnent naissance à des larves. Chez certains insectes, la larve change peu et graduellement pour donner un adulte, c'est le cas de la punaise. Chez d'autres, la métamorphose, qui se produit au stade de la nymphe, est complète, comme chez le papillon.

GRANDE TRANSFORMATION

Les larves de l'abeille reçoivent un apport constant de nourriture, non pas de leur mère, la reine, mais des ouvrières. Elles restent enfermées dans une alvéole (cellule) de cire imperméable jusqu'à l'âge adulte.

Jeune larve | Larve bien nourrie | Nymphe | Adulte prêt à émerger

Exemple de métamorphose complète

Dernière mue
Une cicadelle dont le corps a grandi sort de son exosquelette.

Changement de costume

L'inconvénient d'un squelette externe, c'est qu'il empêche le corps mou de se développer à l'intérieur. Lorsque le corps grandit trop pour le squelette, l'insecte s'en débarrasse une à deux fois pour atteindre l'âge adulte.

Une abeille reine passe son temps à pondre des œufs. Elle en pond jusqu'à 1500 par jour.

Cicadelle adulte
Une fois parvenue à l'âge adulte, la cicadelle ne mue plus.

Très prévoyants !
Les insectes pondent leurs œufs près d'une source de nourriture pour que les jeunes larves trouvent la nourriture dont elles ont besoin.

Œufs de blatte
La blatte pond jusqu'à 40 œufs à l'intérieur d'une seule capsule rigide, appelée oothèque.

Œufs d'abeille
La reine pond un seul œuf dans chaque alvéole. Les ouvrières nourrissent les larves avec de la gelée royale.

Œufs de chrysope
La chrysope dépose ses œufs au sommet de longs pédoncules, pour les protéger des petits prédateurs.

Œufs de moustique
Les moustiques pondent leurs œufs dans l'eau. Les amas d'œufs flottent comme de minuscules radeaux.

Œufs de coccinelle
Une coccinelle pond jusqu'à 15 minuscules œufs de couleur jaune sur une feuille.

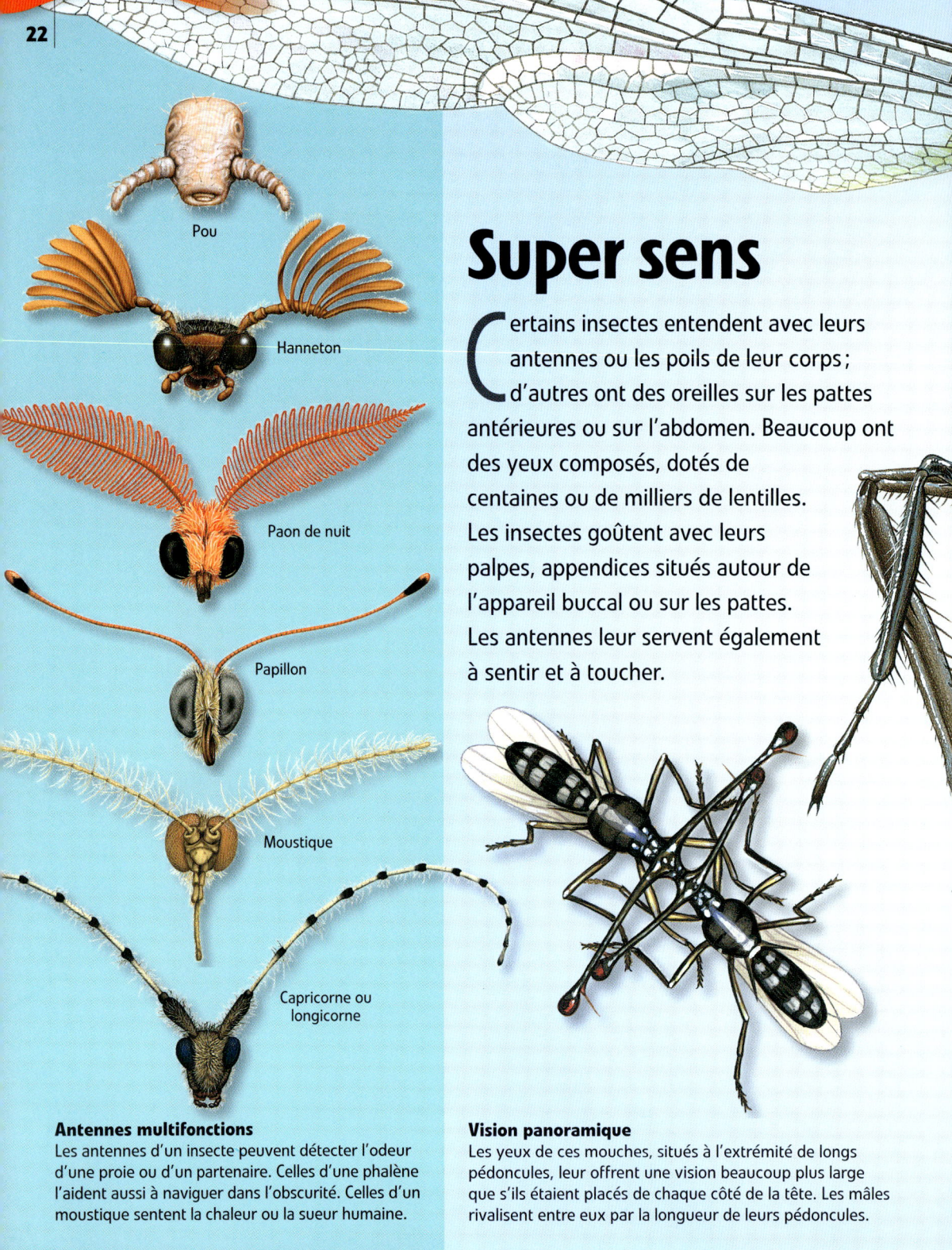

Super sens

Certains insectes entendent avec leurs antennes ou les poils de leur corps ; d'autres ont des oreilles sur les pattes antérieures ou sur l'abdomen. Beaucoup ont des yeux composés, dotés de centaines ou de milliers de lentilles. Les insectes goûtent avec leurs palpes, appendices situés autour de l'appareil buccal ou sur les pattes. Les antennes leur servent également à sentir et à toucher.

Antennes multifonctions
Les antennes d'un insecte peuvent détecter l'odeur d'une proie ou d'un partenaire. Celles d'une phalène l'aident aussi à naviguer dans l'obscurité. Celles d'un moustique sentent la chaleur ou la sueur humaine.

Vision panoramique
Les yeux de ces mouches, situés à l'extrémité de longs pédoncules, leur offrent une vision beaucoup plus large que s'ils étaient placés de chaque côté de la tête. Les mâles rivalisent entre eux par la longueur de leurs pédoncules.

SUPER SENS | 23

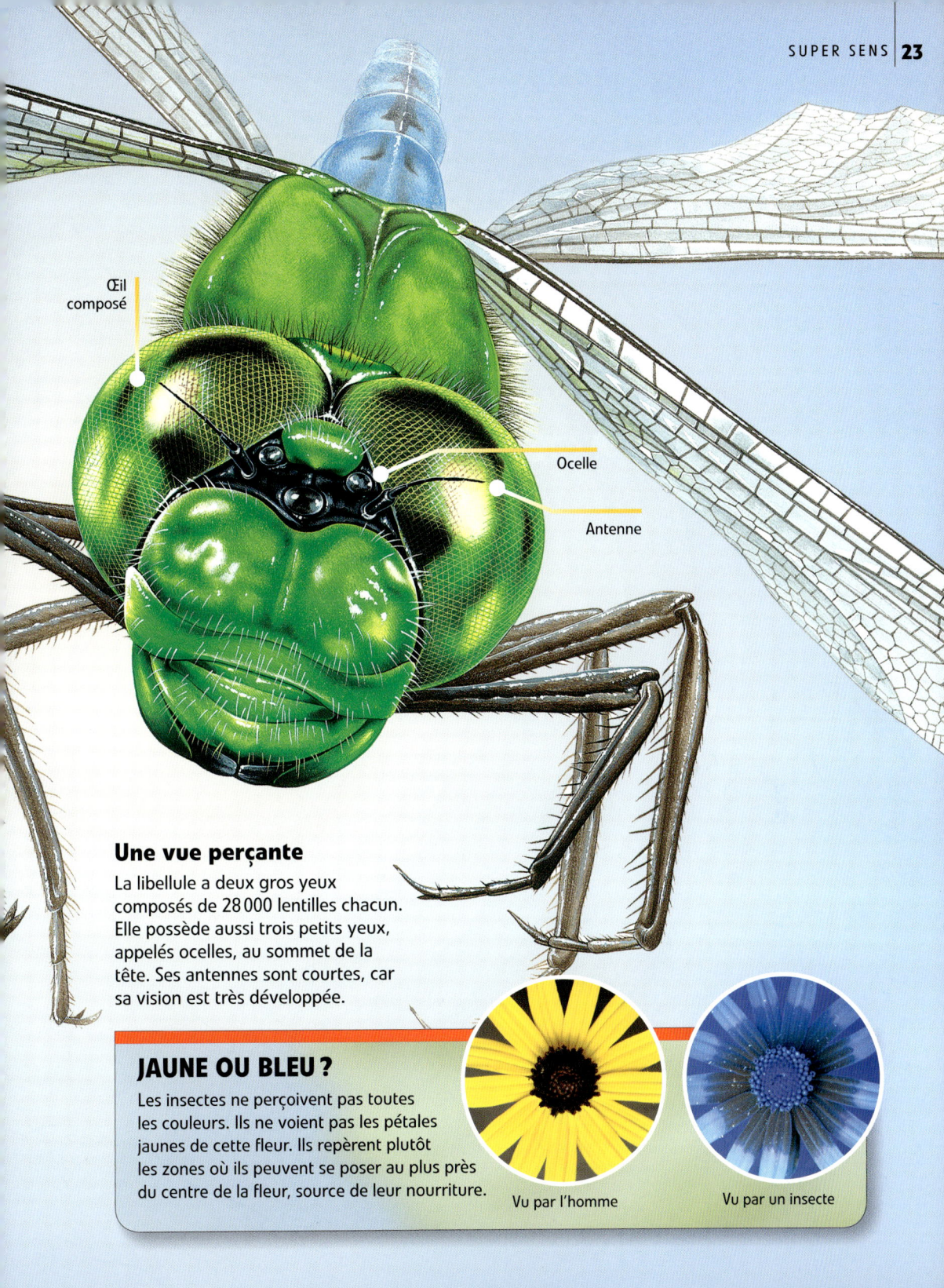

Œil composé
Ocelle
Antenne

Une vue perçante

La libellule a deux gros yeux composés de 28 000 lentilles chacun. Elle possède aussi trois petits yeux, appelés ocelles, au sommet de la tête. Ses antennes sont courtes, car sa vision est très développée.

JAUNE OU BLEU ?

Les insectes ne perçoivent pas toutes les couleurs. Ils ne voient pas les pétales jaunes de cette fleur. Ils repèrent plutôt les zones où ils peuvent se poser au plus près du centre de la fleur, source de leur nourriture.

Vu par l'homme   Vu par un insecte

En avant!

Si beaucoup d'insectes volent, certains utilisent d'autres modes de déplacement. Quelques-uns rampent. Les sauterelles, les criquets, les puces et certains coléoptères sautent. Les larves de mouches à viande, n'ayant ni pattes ni ailes, se tortillent. Les insectes aquatiques nagent, « rament » ou marchent à la surface de l'eau.

Curieuse démarche!
Avec leurs trois paires de pattes, les insectes avancent en zigzag lorsqu'ils marchent ou courent. Ils déplacent trois pattes en même temps : deux d'un côté et une de l'autre.

La guêpe a des ailes accrochées.

AILES ET BALANCIERS

Les insectes volants ont une ou deux paires d'ailes. Quelques espèces, comme la mouche, possèdent une seule paire d'ailes ainsi que les restes d'une seconde paire, appelés balanciers.

La mouche a des ailes et des balanciers.

La libellule a deux paires d'ailes.

1 Repos
Cette coccinelle, immobile sur une feuille, ne semble pas avoir d'ailes.

Pousse… et avance!
Ces chenilles arpenteuses ont de vraies pattes à l'avant et des pseudopodes ventouses, à l'arrière. Elles s'étendent le plus possible grâce à leurs pattes avant qu'elles agrippent solidement au support avant de ramener l'arrière du corps vers l'avant pour former une boucle. En prenant appui sur les pseudopodes, les chenilles s'étendent à nouveau.

EN AVANT ! 25

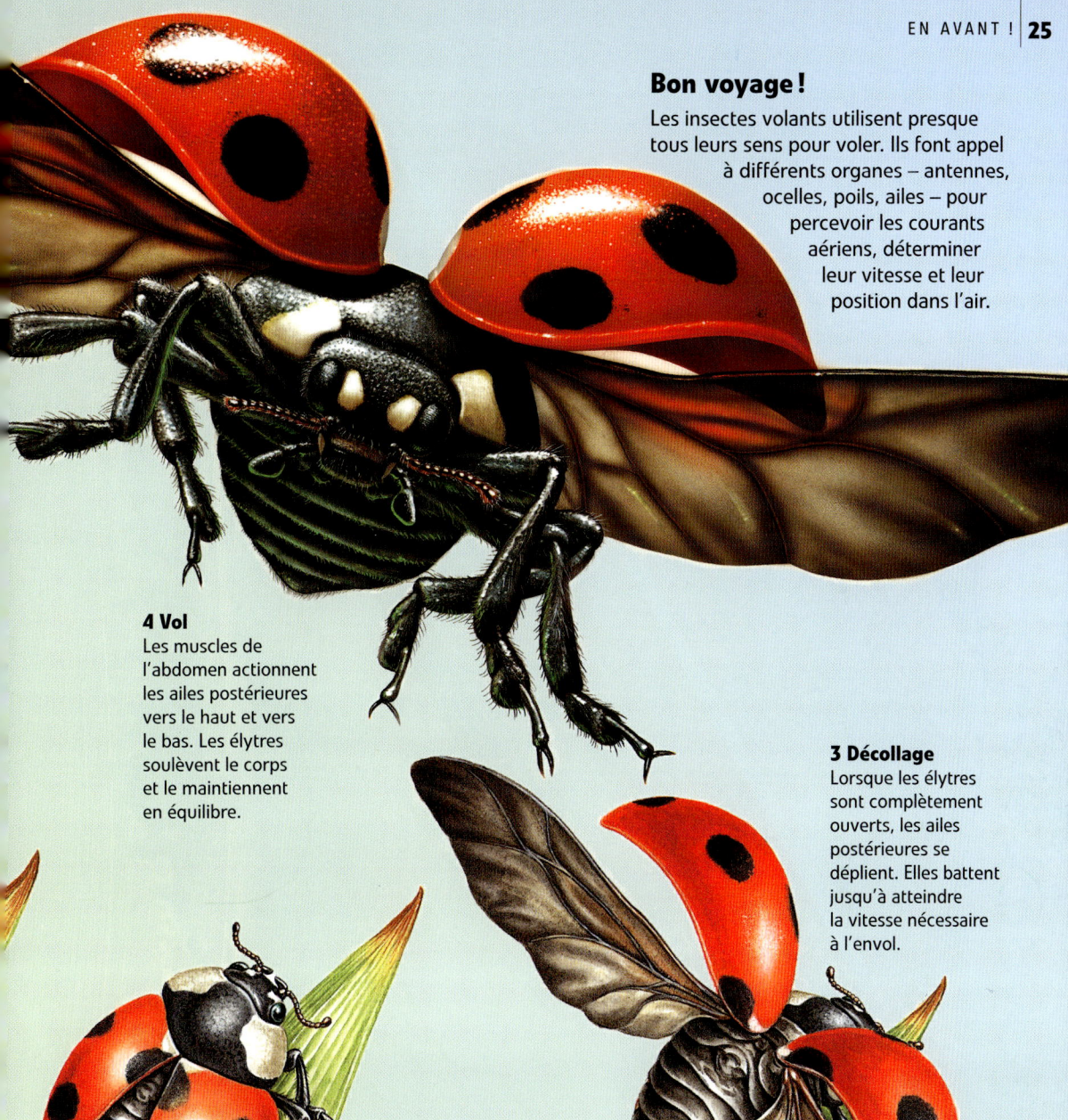

Bon voyage !
Les insectes volants utilisent presque tous leurs sens pour voler. Ils font appel à différents organes – antennes, ocelles, poils, ailes – pour percevoir les courants aériens, déterminer leur vitesse et leur position dans l'air.

4 Vol
Les muscles de l'abdomen actionnent les ailes postérieures vers le haut et vers le bas. Les élytres soulèvent le corps et le maintiennent en équilibre.

3 Décollage
Lorsque les élytres sont complètement ouverts, les ailes postérieures se déplient. Elles battent jusqu'à atteindre la vitesse nécessaire à l'envol.

2 Préparation
Avant de s'envoler, la coccinelle ouvre ses élytres. Ces ailes rigides lui donnent sa forme arrondie, caractéristique.

Attaque et défense

Les insectes élaborent différentes stratégies pour survivre. Certains attaquent seuls avec leurs propres armes. D'autres agissent en groupes, comme les armées de fourmis. Pour se défendre, les insectes ont trois possibilités : ils peuvent se battre ; s'enfuir ou se cacher dans une cavité trop petite pour le prédateur ou encore se rendre invisibles au moyen d'un camouflage.

QUELLE DISCRÉTION !
Le camouflage de certains insectes est si astucieux qu'il est parfois impossible de les repérer. L'aspect de leur corps simule souvent celui des végétaux sur lesquels ils passent l'essentiel de leur temps.

Sauterelle d'Amérique

Mante-orchidée

Phasme

Leurrer l'ennemi
Les insectes peuvent avoir différentes armes : piqûre, cornes, venin, odeur nauséabonde ou substance spéciale. Certains n'ont aucun moyen de repousser les prédateurs. Ils les effraient avec de faux yeux ou de fausses couleurs.

Un grand guerrier
Le dynaste Hercule mâle a deux longues cornes très pointues qui lui servent principalement à se battre avec les autres mâles. Le gagnant s'accouple avec les femelles.

Efficace !
Qu'il attaque ou qu'il se défende, le scarabée bombardier sécrète un liquide chaud et acide qu'il projette de son anus vers l'ennemi. Il vise généralement très bien !

Tu ne m'auras pas !
Les couleurs du bombyx du mûrier se confondent avec celles des arbres. Lorsqu'il ne parvient pas à tromper ses prédateurs, il ouvre ses ailes et dévoile des yeux menaçants qui les font fuir.

Et vlan !
Le weta, de la taille d'un petit rat, est l'insecte le plus lourd. Lorsque sa taille ne dissuade pas les prédateurs, il agite violemment ses pattes postérieures couvertes d'épines.

À toi de choisir !

Les insectes assurent la pollinisation des plantes et leur fournissent des nutriments. Ils mangent ceux d'entre eux qui se révèlent nuisibles – s'ils sont trop nombreux – et sont un maillon essentiel de la chaîne alimentaire. Mais leurs morsures et leurs piqûres peuvent blesser ou tuer. Certains propagent bactéries, virus et parasites. Alors, les insectes sont-ils nos amis ou nos ennemis ?

À TABLE !

Les insectes mangent, par exemple, des végétaux et sont mangés par des animaux plus gros. L'insecte est donc un maillon essentiel de la chaîne alimentaire.

Faucon

Mangé par

Lézard

Mangée par

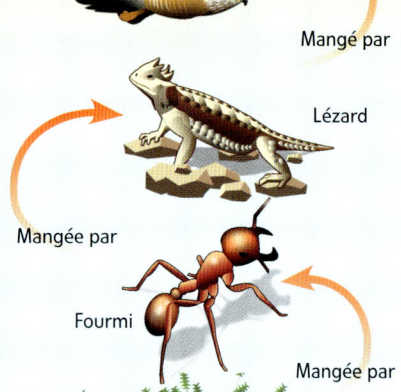
Fourmi

Mangée par

Plante

Vive les insectes !
De nombreux insectes – abeilles, papillons, phalènes, mouches, coléoptères – pollinisent les plantes en fleurs en transportant le pollen d'une fleur mâle à une fleur femelle. Sans eux, beaucoup de végétaux, dont les arbres fruitiers, disparaîtraient.

Grand nettoyage
Les insectes décomposent et recyclent le bois mort, les feuilles, les excréments et les animaux morts. Ils enrichissent ainsi le sol de nutriments et le nettoient aussi pour les nouvelles plantes.

À TOI DE CHOISIR ! **29**

Hôtes indésirables
Les blattes sont des insectes charognards. Toutefois, 1% seulement des espèces envahit les habitations. Elles transmettent les bactéries des ordures ménagères aux aliments. La plupart recyclent les déchets à l'extérieur des maisons.

LE PALUDISME
Les moustiques transmettent le paludisme, qui affecte 247 millions de personnes chaque année et en tue 1,5 million. Lorsqu'un moustique suce le sang d'une personne atteinte de la maladie, il absorbe le parasite et le transmet à une autre en la piquant.

Invasions de criquets
Le criquet migrateur est habituellement solitaire. Mais il s'envole parfois avec ses congénères en formant des essaims de plusieurs milliards d'individus qui détruisent des récoltes entières de céréales en quelques heures.

En savoir plus

Les 962 familles d'insectes connues partagent beaucoup de traits communs. Mais elles se différencient par la taille, la forme, la durée de vie, les sons qu'elles émettent et la vitesse à laquelle elles se déplacent.

Les insectes battent des records. En voici quelques-uns :

1. Le coureur le plus rapide : la cicindèle australienne *(Cicindela hudsoni)* : 2,50 m/s (9 km/h)

2. Vols les plus rapides : *Helicoverpa zea* : 25 km/h ; la libellule : 58 km/h

3. Les plus gros : *Goliathus goliatus, Goliathus regius* ou *Megasoma elephas* : 100 g environ

4. Le plus long : le phasme brindille en Malaisie *(Pharnacia serratipes)* : 30 cm

5. Le papillon ayant la plus grande envergure d'ailes : une phalène d'Amérique du Sud *(Thysania agrippina)* : jusqu'à 30 cm

6. L'insecte ayant la plus longue durée de vie : un bupreste d'Asie *(Buprestis aurulenta)* : un cas connu de 51 ans

7. Le plus bruyant : une cigale africaine *(Brevisana brevis)*

8. L'insecte ayant le venin le plus toxique : la fourmi moissonneuse (espèce *Pogonomyrmex*) qui vit dans le sud des États-Unis

Noctuelle ravageuse du coton *(Helicoverpa zea)*

Phasme brindille *(Pharnacia serratipes)*

Phalène d'Amérique du Sud *(Thysania agrippina)*

Cigale africaine *(Brevisana brevis)*

Fourmi moissonneuse (espèce *Pogonomyrmex*)

Glossaire

abdomen
troisième segment, postérieur, du corps d'un insecte, contenant les organes internes.

antennes
les deux appendices situés sur la tête d'un insecte, servant au toucher, au goût et à l'odorat.

balanciers (ou haltères)
organes en forme de massues qui constituent les ailes postérieures chez certains insectes. Ils servent à équilibrer le vol.

camouflage
motifs, couleur et forme d'un insecte lui permettant de se cacher dans son habitat.

chaîne alimentaire
ensemble d'organismes vivants, végétaux et animaux, dans lequel chacun est mangé par un autre, plus gros, situé au-dessus de lui dans la chaîne.

charognard
insecte qui se nourrit d'animaux et de végétaux morts.

chrysalide
nom donné à la nymphe du papillon.

cocon
enveloppe que tissent certaines larves d'insectes pour se transformer en chrysalides.

diurne
se dit d'un insecte ou de tout autre animal qui est actif pendant le jour.

élytres
ailes antérieures, rigides, des coléoptères, qui se replient sur les ailes postérieures, servant au vol, et qui les protègent.

exosquelette
squelette externe, dur, qui soutient le corps d'un insecte. L'exosquelette tombe lorsque le corps mou grandit à l'intérieur.

fausse patte
l'une des quatre excroissances situées sous l'abdomen de certaines larves d'insectes.

larve
stade du développement d'un insecte, à la sortie de l'œuf. La larve se différencie nettement de la forme adulte.

métamorphose
changement de forme et d'aspect que subit une larve d'insecte au stade de la nymphe avant de devenir adulte. La métamorphose transforme une chenille en papillon ou en phalène.

mue
perte de l'exosquelette, devenu trop petit pour le corps d'une larve en croissance.

nymphe
stade du développement de certains insectes, après celui de larve. Dans cet état, le corps de l'insecte subit une transformation complète.

ocelles
yeux supplémentaires, composés d'une seule lentille, que certains insectes portent sur le sommet ou sur les côtés de la tête.

œil composé
œil composé de nombreuses lentilles, souvent des milliers.

palpes
appendices buccaux servant à goûter et à manger.

pollinisation
transport du pollen des étamines (organe mâle) aux stigmates (organe femelle).

pronotum
sorte de bouclier qui recouvre la tête et le dos de certains insectes.

thorax
deuxième des trois segments du corps d'un insecte où sont attachées les ailes et les pattes.

trompe
appendice buccal des insectes, en forme de tube, qui sert à aspirer la nourriture liquide.

Index

A
abeilles 12, 13, 20, 21, 28
ailes 6, 7, 8, 10, 11, 12, 14, 16, 24, 25, 27, 30
antennes 6, 15, 22, 23

B
balanciers 10, 24
blattes 21, 29
bombardier 27
bombyx du mûrier 27
bousier 8-9, 28
bupreste 8, 30

C
camouflage 8, 14, 26
capricorne 22
chrysalide 14
cigales 7, 30
chenilles arpenteuses 24
coccinelles 7, 21, 24, 25
cocon 14, 15
coléoptères 8-9, 24, 28
criquet migrateur 29

D
dynaste Hercule 26
dytique bordé 18

E-F
élytres 8, 18, 25
exosquelette 6, 20

fourmis 26, 28, 30

G-H-I
guêpes 12, 13

haltères *voir* balanciers

insectes aquatiques 18-19, 24

L
larves 9, 12, 13, 14, 18, 20, 21, 24
libellules 7, 10, 23, 24

M
maladies 10, 29
mantes 16, 26
membracidés 17
métamorphose 9, 14, 16
mouches 10-11, 22, 24, 28
　　pédoncules 22
　　– tsé-tsé 10
moustiques 6, 10, 18, 21, 22, 29
mue 14, 20

N
nuisibles 16, 28
nymphe 9, 14, 16, 17, 20

O-P
œufs 8, 9, 12, 13, 14, 16, 20, 21

paon de nuit 22

papillons 6, 14, 15, 22, 28, 30
phalènes 14, 15, 22, 28, 30
phasmes 26, 30
piqûres 13, 26, 28
pou 22
punaises 16, 17, 19

S
sauterelles 7, 24
　　– d'Amérique 26
scarabées 7, 8-9, 27
syrphe 6

T
trompe 11, 12, 19

Y
yeux 6, 11, 22, 23

Crédits et remerciements
Abréviations : hd = haut droite ; cg = centre gauche ; c = centre ; bc = bas centre ; bd = bas droite ; ap = arrière-plan

iS = istockphoto.com ; SH = Shutterstock ; TPL = photolibrary.com
Couverture : Weldon Owen Pty Ltd ; **Intérieur** : **8-9**ap iS ; **13**hd SH ; **23**bc, bd TPL ; **28-29**ap iS ; **30**c iS ; bg SH ; bd, c, cg, hd TPL

Toutes les autres illustrations copyright © Weldon Owen Pty Ltd